EXAMEN

DE LA

QUESTION SUIVANTE :

Quand on acquiert par la prescription un droit de VUE qu'acquiert-on?
— La servitude ALTIUS NON TOLLENDI n'est-elle pas, ainsi que tout ce qui pourrait compromettre l'exercice de cette servitude, comprise dans ce droit, aussi bien que lorsqu'on l'acquiert par une convention?

BASTIA,

DE L'IMPRIMERIE FABIANI.

—

1860.

F

EXAMEN

DE LA

QUESTION SUIVANTE :

Quand on acquiert par la prescription un droit de VUE qu'acquiert-on?
— La servitude ALTIUS NON TOLLENDI n'est-elle pas, ainsi que
tout ce qui pourrait compromettre l'exercice de cette servitude,
comprise dans ce droit, aussi bien que lorsqu'on l'acquiert par une
convention?

BASTIA,

DE L'IMPRIMERIE FABIANI.

1860.

Quand on acquiert par la prescription un droit de vue *qu'acquiert-on? — La servitude* altius non tollendi *n'est-elle pas, ainsi que tout ce qui pourrait compromettre l'exercice de cette servitude, comprise dans ce droit, aussi bien que lorsqu'on l'acquiert par une convention?*

C'est à ces termes, selon nous, que la question doit être réduite, et non point, comme l'ont fait de graves auteurs, en se demandant si l'on peut acquérir par la prescription un droit de vue, car l'affirmative à cet égard nous paraît commandée par le texte lui-même de la loi, si formel et si précis.

On a cru pouvoir remonter jusqu'au droit naturel pour soutenir qu'en matière de servitude et de prescription, on doit procéder avec la plus inflexible rigueur et ne les admettre que dans le sens le plus étroit. — Ce raisonnement est-il bien exact? Est-il bien vrai qu'il y ait, en droit naturel, un droit de propriété? — Le droit naturel ne connait que la simple possession, et il la règle dans l'intérêt de tous. La propriété est fille de la loi civile, et la loi civile respecte les faits accomplis. Qu'on ne parle donc plus de ce prétendu droit naturel de propriété d'après lequel chacun pourrait faire dans son domaine tout ce que bon lui semble. La propriété ne fut, elle ne sera jamais, la faculté monstrueuse de se nuire réciproquement ; la liberté illimitée engendrerait la guerre, l'anarchie.

D'un autre côté, la prescription tient aux plus hautes considérations d'ordre public, à la paix, à la sécurité de l'État. L'édifice social repose sur elle. — Où en serions-nous, en effet, s'il fallait toujours remonter à l'origine, exhiber le titre? Les titres peuvent s'être perdus ; le temps a pu faire oublier la vraie situation des choses…. Quel

sujet n'y aurait-il pas là d'inquiétude et d'agita-
tion incessantes! Otez la prescription, et la so-
ciété est bouleversée de fond en comble. On l'a
appelée, avec raison, « LA PATRONNE DU GENRE
HUMAIN. »

Par cela seul qu'une possession est demeurée
paisible pendant une longue suite d'années, il
faut que les investigations s'arrêtent devant elle.
Les faits qui ont reçu la consécration du temps,
doivent être respectés. ANCIENNETÉ A AUTORITÉ, a
dit le célèbre DUNOD dans son Traité des prescriptions. Ainsi, qu'on cesse d'opposer que la
prescription doit toujours être traitée avec défa-
veur, comme chose odieuse : elle aussi a des
droits à la protection et aux sympathies des Tri-
bunaux. Le droit de propriété lui-même n'est-il
pas sorti de là? et le mode d'acquérir par la prescription n'est-il pas encore plus ancien que les
autres?

Ces premières idées une fois rectifiées, es-
sayons de prouver que, soit aux termes de la
législation romaine, soit d'après le Code Napo-

léon , une servitude de vue quelconque peut s'acquérir, dans toutes ses conséquences et dans la plus large acception du mot , par la longue possession, par la prescription, aussi bien que par une convention écrite.

I.

Remonterons-nous à l'ancien droit romain? Tous les auteurs nous apprennent qu'après la loi des Douze Tables et avant la loi *Scribonia*, toutes les servitudes de ce genre pouvaient s'acquérir non-seulement par la prescription proprement dite, mais même par l'*usucapion*. L'usucapion s'établissait alors par une possession de deux années seulement, et convertissait cette possession en un domaine légitime. Elle était assimilée à la *mancipation*, et donnait lieu au droit exorbitant de *revendication*, qui ne peut être que la sanction du véritable droit de propriété. — C'était une loi politique.

Mais les lois, qui sont le résultat d'une situa-

tion particulière, ne peuvent être que temporai-
res et doivent nécessairement finir avec cette situation elle-même. Ce fut le sort de l'usucapion.
Établie à une époque où les domaines étaient
peu considérables, le mouvement dans la propriété peu rapide, les déplacements rares et la
vie sédentaire, l'usucapion de deux ans ne pouvait avoir qu'un temps fort limité, et la loi *Scribonia* vint lui porter les premiers coups en l'a-
bolissant quant aux servitudes. Mais le droit de
les acquérir par la prescription demeura toujours en vigueur (V. GRAVINA, où se trouve
longuement exposé l'historique de cette matière). On inventa alors la *quasi-usucapion.*

Et pourquoi, d'ailleurs, n'en aurait-il pas été
ainsi? Tout ce qui est susceptible d'une véritable
possession, d'une possession pleine, de tous les
instants, non interrompue, qui ne peut pas être
ignorée, et dont on peut induire les deux volon-
tés, à savoir : la volonté de jouir et la volonté
de laisser jouir, est et sera, en tout temps, en
tout pays, par cela même, prescriptible.

Or, qu'était-ce qu'une servitude de vue d'après
la loi romaine? Avons-nous besoin de le dire?
C'était une servitude active, à laquelle doit nécessairement correspondre une servitude pas-
sive; — c'était le droit de prendre *jour*, plus ou
moins, sur la propriété du voisin; — c'était, de
la part du voisin, l'obligation de subir, de souffrir
ce droit et de le respecter.

Et pourtant on a prétendu séparer deux choses
inséparables, — le droit de l'obligation correspondante, — et faire d'une seule et même servitude deux servitudes distinctes. On a cru pouvoir s'étayer de la loi IVe au Digeste *De servit.
præd. urb.*, tirée du Livre 2 des Institutes du
jurisconsulte PAUL. Cette loi est ainsi conçue :

« Luminum servitute constituta, id adquisi-
» tum videtur, *ut vicinus lumina nostra excipiat.
» Cum autem servitus imponitur, *ne luminibus
» officiatur, hoc maximè adepti videmur ne jus
» sit vicino altius ædificare ; atque ita minuere
» lumina nostrorum ædificiorum.* »

On a enseigné que d'après cette loi, le *Jus ne*

luminibus officiatur devait être considéré comme
une servitude à part. On a été jusqu'à soutenir
qu'à proprement parler, le *Jus luminum* n'était
pas une servitude ; on en a fait un droit mort-né,
non viable, ou plutôt un quasi-droit, le droit seulement d'avoir une VUE, jusqu'à ce qu'il plût au
propriétaire du fonds servant de ne pas l'obstruer.
Il nous semble qu'énoncer une pareille proposition, c'est déjà en faire justice. Et que devien-
draient ces mots de la loi, si clairs, si explicites,
ut vicinus lumina nostra excipiat ? — Si le voisin est tenu de recevoir *lumina nostra*, comment
pourrait-il n'être point tenu de les respecter, et
de ne pas empiéter sur ces *jours* qu'il a l'obligation de souffrir? N'y a-t-il pas là quelque chose
qui implique contradiction, que même la raison
se refuse à saisir? Comment concevoir, en effet,
une servitude que je suis tenu de souffrir et dont
je puis cependant me libérer à volonté ?

Écoutons plutôt VINNIUS : « A servitute ne
» luminibus officiatur, parum differre *videtur* ser-
» vitus quæ *luminum* dicitur ; atque ut hæc ma-

» gis respicit novam luminum constitutionem,
» ita illa conservationem eorum quæ jam sunt.
» Nisi *fortè dicendum sit* in servitute *luminum*
» hoc minus esse quam in altera, quod qui hanc
» debet, altius ædificare non prohibeatur aliaque
» facere, modo tantum luminis vicino relinquat,
» quantum ad usum diurnum sufficiat : qui au-
» tem servitutem debet *ne luminibus officiatur*,
» nihil omnino facere possit quo lumen minua-
» tur : quæ sententia est Pauli Castr. in dict.
» leg. IV, probata a Coepolla, cap. LXXVI, n° 9. »
De serv. præd. urb.; arg. de leg. inf. **XV.**

Il semble donc à l'illustre professeur que le
Jus luminum diffère peu du *Jus ne luminibus
officiatur;* que le *Jus luminum* se rapporte plus
particulièrement, — nous traduisons littérale-
ment, — à la création de la servitude « magis
» respicit novam luminum constitutionem » et le
Jus ne luminibus officiatur à la conservation des
jours qui existeraient déjà « conservationem eo-
» rum quæ jam sunt. »

Mais quand on crée un droit, on ne le crée

jamais à moitié et d'une manière provisoire. En
créant une servitude, sans se préoccuper de sa
stabilité, on ne créerait rien. Si à ce *Jus lumi-*
num n'était attaché le droit d'empêcher tout ce
qui pourrait nuire à son existence, il n'y aurait
point de servitude. Ainsi, si les mots « luminum
» servitute constituta » doivent se rapporter plus
particulièrement à la création de la servitude,
évidemment cette servitude doit comprendre,
sans qu'il soit besoin d'en faire l'objet d'une clause
spéciale, le *Jus ne luminibus officiatur*.

Cependant des *jours* pouvaient avoir été pratiqués sans qu'on eût encore obtenu l'adhésion
du voisin, et alors pour les maintenir on stipulait ce qu'on appelait plus proprement le *Jus ne*
luminibus officiatur : « lumina quæ jam sunt,
» ita sint ut sunt. » C'était, suivant POMPONIUS,
la formule dont on se servait en pareil cas. De
ce que, dans cette hypothèse, on stipulait en
termes exprès le *Jus ne luminibus officiatur*, il
ne s'ensuit certes pas que ce droit ne soit pas
implicitement et nécessairement compris dans le

Jus luminum, et qu'il faille une stipulation particulière pour pouvoir garantir le *Jus luminum*
de toute entreprise hostile. En définitive, ce ne
serait, d'après Vinnius, qu'une différence de position. Dans le premier cas on crée, dans le se-
cond on convient de conserver ce qui existe déjà.
A moins *peut-être*, ajoute Vinnius, qu'on ne
veuille dire « nisi fortè dicendum sit » (retenons
ce peut-être), que dans le *Jus luminum* il y a cela
de moins, que celui qui doit cette servitude peut
bâtir en laissant seulement à son voisin la lumière nécessaire pour l'usage journalier ; tandis
que celui qui devrait la servitude *ne luminibus
officiatur* ne pourrait diminuer les *jours* du voisin, lors même qu'il en aurait de trop. — « Quæ
» sententia, ajoute encore Vinnius, est Pauli....
» probata a Coepolla.... » Cette forme dubitati-
ve, — les mots videtur et fortè font assez con-
naître, d'après nous, quelle était la véritable
pensée de Vinnius, qu'il ne voyait dans les deux
prétendues servitudes qu'une seule et même servitude. Et il devait d'autant plus en être ainsi, que

dans le texte qu'il commentait, et où se trouvent
indiquées toutes les servitudes urbaines, il n'est
point parlé du *Jus ne luminibus officiatur*, de l'effet pour la cause; ce qui apparemment a fait dire
à quelques-uns, qui semblent avoir peu appro-
fondi ce passage, que le *Jus luminum* n'était pas
même une servitude; mais ce qui révèle, à notre
sens, de plus en plus, que le droit romain n'a
jamais entendu faire une distinction impossible,
scinder l'obligation du droit.

Un auteur beaucoup plus moderne, Gérard
Noodt, s'est occupé plus spécialement encore de
la loi IVᵉ, et voici le commentaire qu'il en donne :

« Quid hic Paulus? Putat unam esse servitu-
» tem quæ breviùs dicitur luminis, sive servitus
» luminum; plenius ne luminibus officiatur, pari
» formularum potestate. Nec te offendat vocula
» *autem*, sumenda enim pro *etiam*, ut sæpè
» apud nostros et alios auctores. »

« Atqui Paulus, — ajoute Noodt, — imposita
» servitute ne luminibus officiatur, ait videri nos
» hoc maximè adeptos esse ne vicino jus sit, in-

» vitis nobis, altius ædificari, atque ita minuere
» lumina nostrorum ædificiorum. Rectè monet.
» PAULUS non simpliciter ait nos hoc adeptos esse,
» sed ait *videri* nos hoc maximè adeptos indigi-
» tans nos ea formula non esse adeptos solum
» ne ædes nostræ altius ædificando obscuren-
» tur, sed etiam aliud præterea. Quid autem hoc
» sit, ipse non declinat PAULUS, dicta lege **IV**,
» sed ULPIANUS in lege **XV**, sic loquens edendo
» HOLOANDRO : *In luminibus autem ne lumina*
» *cujusquam obscuriora fiant.* ULPIANUS in ser-
» vitute luminum, sive ne luminibus officiatur,
» ita observari refert ne lumina qualicumque
» modo fiant obscuriora, inde mox sic infert,
» *Quodcumque igitur faciat ad luminis impedi-*
» *mentum prohiberi potest, si servitus debea-*
» *tur.* Sensus est : Constituta servitute lumi-
» num, sive ne luminibus officiatur, prohiberi
» quidquid fiat ad impedimentum sive altius
» ædificando, sive positis arboribus.... »

Nous ne reproduirons pas en entier la démonstration du savant auteur, ce serait beau-

coup trop long. Mais il est évident que tous les
textes qu'il rapporte, ne peuvent se référer au
Jus ne luminibus officiatur exclusivement stipulé; qu'ils ont trait, en général, au *Jus luminum*,
comprenant nécessairement le *Jus ne luminibus
officiatur*, et que, dans la pensée des jurisconsultes romains, ces deux prétendues servitudes
n'en formaient qu'une seule. Les séparer, en
effet, ce serait jeter la perturbation et la confusion dans tout ce titre du digeste; car presque
partout il n'est question que de *luminibus officere* ou *non officere*; comme ce serait aussi à
ne plus s'y reconnaître, si tous ces passages ne
devaient se rapporter qu'au prétendu *Jus ne luminibus officiatur* particulièrement et formelle-
ment stipulé.

Un peu plus loin Noodt ajoute :

« Dedi integrum sensum formulæ servitutis lu-
» minum, sive ne luminibus officiatur, interpre-
» tatus Paulum posteriore parte dictæ legis IV.
» Restat quid priore designet sic scribens : *Lu-
» minum servitute constituta, id acquisitum vi-*

» *deri ut vicinus lumina nostra excipiat.* Paulus
» lumina excipi ait, ut in L. XX, § 6, dicit *reci-*
» *pi stillicidia;* adversus quæ nihil jure voluisse
» *servitutem luminum idem complecti jus.* Quod
» si est : apparet Paulum, dict. leg. IV, voluisse
» *servitutem luminum idem complecti jus quod*
» *comprehenditur servitute ne luminibus officia-*
» *tur*, adeoque unam *esse servitutem* formulas
» duas; *nec interesse hac an illa, utraque eodem*
» *exeunte.* »

Et plus loin encore, en terminant son éluci-
dation de la loi IVᵉ, et passant à la servitude de
Prospect, l'auteur s'exprime ainsi :

« Ostendi ex sententia Pauli, in dicta lege IV,
» unam esse servitutem quæ aliàs lumen vocatur,
» aliàs luminum, aliàs ne luminibus officiatur.
» Videamus an liceat hoc exemplo putare etiam
» unam esse servitutem quæ modo dicitur pro-
» spectus, modo jus prospectus, modo jus ne
» prospectui offendatur. Sed puto etiam hæc
» cum una sit, tot nominibus optimè indigita-
» tur L. 15 et L. 16.... »

Au reste, quand on connaît le style de Paul,
à qui la loi que nous interprétons a été empruntée, style extrêmement concis et souvent obscur,
on n'est nullement surpris de l'espèce d'ambi-
guïté que ce texte semble offrir au premier
abord. Mais qu'on lise ce texte attentivement,
qu'on en étudie l'économie, qu'on interroge bien
le sens de ces mots : « Id adquisitum videtur ut
» vicinus lumina nostra excipiat ; » qu'on s'arrête
aussi au mot « videmur » du deuxième paragraphe ; qu'on se reporte enfin au génie de la langue
latine et à la structure de phrases qui lui est
particulière, et on sera forcé de reconnaître que
le jurisconsulte n'a point voulu faire une distinction impossible, scinder ce qui ne peut pas
l'être ; que les deux phrases se tiennent, et que
la deuxième n'est que le développement de la
première.

Paul a voulu dire, d'après nous : « Luminum
» servitute constituta (quand on acquiert le *Jus*
» *luminum*), id adquisitum videtur ut vicinus
» lumina nostra excipiat » (on acquiert le droit

2

de contraindre le voisin à souffrir nos *jours*);
— *ut fenestram nos habere patiatur*, a dit Pothier. — C'est comme la définition de la servitude; elle comprend tout. Les mots : « ut vici-
» nus lumina nostra excipiat » (qu'il soit tenu
de souffrir nos vues) ne sauraient être ni plus
précis ni plus explicites, et correspondent par-
faitement à ces mots : « qu'il ne puisse pas, — si
l'on peut ainsi dire, — attenter, nuire à ces
vues. » Le professeur (car remarquons que ce
passage est tiré de ses Institutes) veut expliquer cette définition, ce qu'il faut entendre par
les mots : *ne luminibus officiatur*, qui sont sy-
nonymes de ceux-ci : *ut vicinus lumina nostra
excipiat*, et il dit : « C'est principalement d'exi-
» ger que le voisin ne puisse, *invitis nobis, altius
» ædificare atque ita minuere lumina nostrorum
» ædificiorum.* »

Mais voici un autre passage de Paul, qui va
rendre cette démonstration plus sensible. Ce
passage est placé par les compilateurs du Digeste
aussitôt après la loi XVᵉ, au même titre *De*

servit. præd. urb., et fait suite à cette même
loi empruntée à Ulpien et qui est ainsi conçue :
« Inter servitutes *ne luminibus officiatur* et *ne*
» *prospectui offendatur*, aliud et aliud observa-
» tur ; quod in prospectu plus quis habet, ne
» quid ei officiatur ad gratiorem prospectum et
» liberum ; in luminibus autem (non officere),
» ne lumina cujusquam obscuriora fiant. Quod-
» cumque igitur faciat ad luminis impedimen-
» tum prohiberi potest, si servitus debeatur ;
» opusque ei novum nunciari potest si faciat ut
» lumini noceat. »

Vient ensuite le passage de Paul : c'est la loi
XVIᵉ, et nous y lisons :

« Lumen, id est ut cœlum videretur, et in-
» terest inter lumen et prospectum ; nam pro-
» spectus ex inferioribus locis est, lumen ex in-
» feriore loco esse non potest. »

Dans la loi XVᵉ, Ulpien établit donc la différence entre la servitude de *Prospect* ou le *Jus ne
prospectui offendatur* et le *Jus ne luminibus officiatur*. Pour la mieux faire ressortir, on a voulu

expliquer ce qu'il fallait entendre par le mot *lumen*, et on a dit : « Lumen, id est ut cœlum videatur. » — *Luminibus officere* est donc le droit de s'opposer à tout ce qui pourrait empêcher de voir le ciel. N'est-ce pas là le *Jus luminum?* Et s'il n'était pas là, où pourrait-il être? en quoi pourrait-il consister?...

Le jurisconsulte indique ensuite la marche à suivre en cas d'empiètement sur la servitude établie. C'était, comme aujourd'hui, la dénonciation de nouvel œuvre. Dira-t-on que la dénonciation de nouvel œuvre ne pouvait avoir lieu pour le *Jus luminum*, et que pour l'exercer, il aurait fallu en faire l'objet d'une convention particulière; stipuler en termes exprès le *Jus ne luminibus officiatur?* Il nous semble, à cet égard, que la démonstration est complète. Le *Jus luminum* et le *Jus ne luminibus officiatur* n'ont été, et n'ont pu être considérés par la loi romaine, que comme un seul et même droit, une seule et même servitude; et ceux qui ont prétendu qu'ils différaient entre eux, que le *Jus ne luminibus officiatur* était quelque chose de plus que le *Jus luminum*, ceux-là ont confondu le *Jus ne luminibus officiatur* avec une autre servitude, avec le *Jus prospectui* ou le *Jus ne prospectui offendatur*.

On a fait à notre thèse d'autres objections : elles sont tirées de la loi IXe et de la loi XIVe, Examinons-les.

La loi IXe dit une chose fort simple : « Cum » eo qui tollendo obscurat vicini ædes quibus » non serviat (notons ces mots : QUIBUS NON SER- » VIAT), nulla competit actio. »

Sûrement rien n'est plus clair; et on se demande comment il se fait qu'on ait pu accréditer l'opinion émise par quelques auteurs, notamment par MERLIN et TOULLIER, que cette loi se référait au *Jus ne luminibus officiatur*. Le procédé dont on a usé pour cela nous est connu; il est aussi aisé qu'il paraîtra hardi.... — Il a suffi de passer un trait de plume sur les mots : QUIBUS NON SER- VIAT!.... Hâtons-nous toutefois de le dire, cette mutilation du texte ne saurait être le fait des très-savants jurisconsultes; elle doit certainement exister dans les éditions sur lesquelles ils ont basé leur leçon.

D'ailleurs, ne l'oublions pas, la loi IXe n'est pas extraite d'une réponse du jurisconsulte à une question posée ; c'est un passage du commentaire de l'Édit. Or, rien de plus naturel qu'en expliquant cet édit, ULPIEN, qui était habituellement prolixe, ait pu être amené à émettre ce principe, qui ne choque en rien la raison, *que le voisin, qui, libre de tout lien de servitude, obstrue les fenêtres ouvertes sur sa propriété, est dans son droit, et qu'aucune action ne saurait être exercée contre lui.*

Remarquons aussi que tous ces textes ne sont que des passages tronqués d'auteurs ou de jurisconsultes, et que chaque titre du Digeste est comme un traité dans lequel on a confondu et entassé la matière.

D'après les interprètes, la loi IXe doit être combinée avec la loi XVe, qui, elle aussi, a été tirée du commentaire de l'Édit par ULPIEN, et qui se réfère, ainsi que nous croyons l'avoir démontré, à toute servitude de *jours*, au *Jus luminum* aussi bien qu'au *Jus ne luminibus officiatur*. L'une et l'autre contemplent le cas d'une innovation qui porterait atteinte à des *jours* pratiqués. La première dit qu'on ne peut exercer aucune action contre l'innovateur, lorsque la servitude n'est point due ; la seconde indique l'action qui compète pour faire cesser l'empiètement, lorsque la servitude est due, lorsque le *Jus luminum* ou le *Jus ne luminibus officiatur* est établi. Cette action, nous l'avons dit, c'est la dénonciation de nouvel œuvre. Ainsi, point de doute que la loi IX^c et la loi XV^c n'embrassent toutes deux indistinctement le *Jus luminum* et le *Jus ne luminibus officiatur*.

La loi XIV^c porte :

« Imperatores Antoninus, et Verus Augusti
» rescripserunt in area quæ nulli servitutem
» debet, posse dominum vel alium voluntate
» ejus ædificare, intermisso legitimo spatio a vi-
» cina insula. »

Cette loi a eu le même sort que la loi IX^c ; sa

clarté et sa précision n'ont pu la sauvegarder
contre des interprétations qui en défigurent et
en altèrent le sens. Ici encore c'est par voie de
retranchement que l'on procède.

« Qu'ont voulu dire les deux empereurs, s'é-
» crie CUJAS ? Était-il besoin d'une loi pour nous
» apprendre que chacun peut bâtir sur son ter-
» rain, lorsque ce terrain ne doit aucune servi-
» tude ? — Quis enim ea de re usquam dubita-
» vit ? »

Et il ajoute :

« Dicam liberè semper locus hic mihi visus
» est neque possum adnotare quod ex amicis
» meis quidam non ineruditus, mihi *penè* per-
» suasit, ita scilicet legendum in lege XIV, quæ
» *luminum servitutem debet...* » au lieu de : NULLI
SERVITUTEM DEBET.

Ainsi, CUJAS, pour donner à cette loi un sens
ou une importance que, d'après lui, elle n'aurait
pas, aurait été presque tenté de changer, — ni
plus ni moins, — le texte de la loi, et de substituer aux mots si précis et si généraux : « *quæ*

nulli servitutem debet » les mots opposés : « *quœ
luminum servitutem debet.* » Mais le courage lui
a manqué et le modificatif PENÈ le prouve.

Au surplus, la loi XIV^c a été extraite des
Commentaires de Papirius Justus sur les Constitutions des deux Empereurs. Il s'agit donc d'une
Constitution et non d'un *Rescrit* proprement dit.
— Les rescrits étaient, on le sait, comme des
consultations que rendait le Chef de l'État, et on
conçoit que, pour en saisir le véritable esprit, il
faille chercher un doute, ce qu'on appelle *ratio
dubitandi*. Mais quand il s'agit d'une Constitution, l'interprétation doit se faire *de plano*,
l'histoire à la main. Faisons donc une courte
excursion dans le domaine de l'histoire, et ins-
pirons-nous de ses utiles enseignements.

Pour résoudre la question si délicate du con-
tact des propriétés, les Romains avaient adopté
une règle toute différente de celle qu'a posée
l'article 661 du Code Napoléon. Ils avaient cru,
comme SOLON à Athènes, ne pouvoir mieux
combiner les deux droits de propriété, venant

se heurter entre eux, qu'en prescrivant à tout
propriétaire qui aurait voulu bâtir, de laisser,
entre la bâtisse et la propriété du voisin, un
petit espace fixé à deux pieds et demi. Aussi
toutes les maisons étaient isolées — *insulœ*;
chaque maison avait tout autour un espace libre
de deux pieds et demi qu'on appelait *ambitus*.

La population de Rome augmentant dans une
forte proportion, on usa largement de l'émanci-
pation, et les maisons étaient devenues si rap-
prochées au temps de Sénèque (il signale cet
inconvénient et s'en plaint dans ses Controver-
ses), qu'il n'y avait presque plus de rues. Néron
fit mettre le feu à une partie de la ville, qui fut
rebâtie dans un meilleur ordre, « dimensis
» vicorum ordinibus, — dit Tacite dans ses An-
» nales, — et latis viarum spatiis, cohabitaque
» ædificiorum altitudine ac patefactis areis, ad-
» ditisque porticibus quæ frontem insularum
» protegerent. » Mais on se relâcha bientôt de
cette mesure, et on accorda au droit de propriété plus de liberté, tout en maintenant la

distance séparative de deux pieds et demi. Or,
c'est cet état de choses que la loi XIVe, ou la
Constitution des Empereurs, a eu pour objet de
réglementer. Cette loi porte, en effet, que tout
propriétaire d'un fonds qui ne doit aucune servitude « *nulli servitutem debet* » pourra bâtir ou
faire bâtir sur son terrain, en laissant l'espace
de deux pieds et demi établi par les anciennes
Constitutions, « *intermisso legitimo spatio.* »
Et voilà cette loi qui, expliquée tout naturelle-
ment, vient elle aussi en aide à notre opinion.

Certes, nous ne voulons point dire qu'au
moyen de conventions particulières le *Jus ne luminibus officiatur* ne puisse aller beaucoup plus
loin que le *Jus luminum ;* que les conventions
des parties ne puissent être portées au delà de la
règle ordinaire : nous en trouvons des exem-
ples dans le Digeste. Et que ne peut pas la volonté de l'homme? — Quel vaste domaine est le
sien! Tout ce qui n'est pas défendu par la loi lui
appartient... Les conventions font la loi des parties.... Mais toutes ces spécialités sont des cas

isolés. Toujours est-il que dans le *Jus luminum* il doit y avoir de toute nécessité le *Jus ne luminibus officiatur;* car un droit quelconque doit porter en soi le droit d'être, de se maintenir, et, par suite, de repousser toute entreprise dirigée contre son existence.

Mais si le *Jus ne luminibus officiatur* est compris dans le *Jus luminum*, tout est dit. Ce n'est donc point une servitude négative, une servitude qui consiste à ne pas faire *in non faciendo*, *altius non tollendi*. C'est l'accessoire obligé, la conséquence forcée de la plus active peut-être des servitudes, le Jus luminum.

Le *Jus ne luminibus officiatur* n'a de commun avec la servitude *altius non tollendi* que l'obligation, de la part de celui qui la doit, de ne pas bâtir. Dans la servitude de vue, cette défense d'innover, qui s'étend à tout ce qui pourrait nuire à l'exercice de cette servitude, est l'effet et la conséquence, nous croyons l'avoir démontré, de la servitude de vue elle-même, et ne va pas au delà de cette servitude. On ne peut bâtir contre des

vues établies ; l'obligation est relative à ce même
droit, elle émane de lui et n'existe qu'avec lui
et par lui ; tandis que dans la servitude *altius
non tollendi* proprement dite, l'obligation de ne
pas bâtir vit, si l'on peut ainsi dire, de sa propre
vie. Ne se rattachant à aucune autre servitude et
ne pouvant se révéler d'elle-même, il faut nécessairement qu'un titre la constate. Or, si l'obligation de ne pas bâtir, dans la servitude de vue, est
l'effet, la conséquence obligée de cette même servitude, elle ne saurait avoir une nature différente
de la servitude dont elle dépend : c'est la même
servitude ; c'est l'obligation correspondante au
droit du propriétaire dominant, au *Jus luminum ;*
servitude, nous ne saurions trop le répéter, émi-
nemment active, continue, apparente, et partant
prescriptible.

Du reste, il existe dans le droit romain des
textes précis qui proclament le droit qu'a celui
qui a acquis une servitude de vue par prescription, de s'opposer à toute construction de nature
à porter atteinte à cette même servitude. « Si

» quas actiones, — disait l'Empereur Antonin à
» un certain Colphurnius, — adversus eum qui
» ædificium contra veterem formam extruxit, ut
» luminibus tuis officeret, competere tibi existi-
» mas, more solito per judicem exercere non
» prohiberis. Is qui judex erit, longi temporis
» consuetudinem, vicem servitutis obtinere sciet,
» modo si is qui pulsatur, nec vi, nec clam, nec
» precario possidet. » (L. 1re, Cod. *De Servit. et
aqua*).

Godefroy commente ainsi cette loi : « Ubi ne-
» que servitus expressim vel tacitè adquisita est,
» nobis licet tollendo ædes vicini obscurare, nec
» eo nomine nulla competit actio. » Et il cite la
loi IXe au Digeste, titre *De serv. præd. urb.*, que
nous avons appréciée plus haut. Nous avons donc
raison de soutenir que cette loi, loin d'être contraire, comme on le prétend, en forçant même
la lettre, vient à l'appui de notre opinion.

« Idem dicendum, — poursuit l'interprète, —
» si in area ædificem, eo tamen casu, legitimum
» spatium a vicina insula servandum est. » C'est

encore la loi IX°, et l'interprétation que nous en
avons présentée. — « Ubi verò servitus luminis
» expressim adquisita, non licet in eam quid-
» quam committere (LL. 5 et 9, Cod. *De ser-*
» *vit. et aqua*). Quid si tacitè? Vetus enim ædi-
» ficiorum forma vicem servitutis obtinet; at
» hic jubet Imperator veterem formam servari. »

Ainsi, lorsque la servitude n'a été acquise ni
expressément ni tacitement, en d'autres termes,
ni par convention, ni par prescription, il est
permis en exhaussant sa maison de rendre obs-
cure celle de son voisin, et aucune action ne
compète à ce dernier contre un pareil fait : tel
serait aussi le cas où l'on bâtirait une maison
nouvelle sur son propre terrain; toutefois, dans
ce cas, il faudrait laisser l'espace légal entre la
bâtisse et la maison du voisin. — Si, au contraire, une servitude de VUE a été établie au moyen
d'une convention expresse, il n'est permis
d'exercer contre cette servitude aucun empiètement. Et si la servitude de VUE a été acquise tacitement, c'est-à-dire par prescription, que fau-

drait-il faire? La forme et l'état de l'édifice voisin équipollent à un titre, et il faut le respecter.

Si nous ne nous abusons, rien n'établit d'une manière plus péremptoire que le *Jus ne lumini- bus officiatur* et le *Jus luminum* ne sont qu'une seule et même servitude.

Nous pourrions nous étayer encore d'autres autorités, citer Domat et autres, et emprunter aussi divers passages au magnifique travail de Pothier sur les Pandectes ; mais ce serait inutilement fatiguer l'attention du lecteur; et, d'ailleurs, nous avons hâte d'arriver à l'examen de la question au point de vue de la législation nouvelle.

Qu'il nous soit, toutefois, permis de dire un mot sur Coepolla qu'on oppose dans le système contraire.

Nous avons le plus grand respect pour Coepol- la, qui a toujours été considéré comme le meilleur expositeur de la matière des servitudes. Mais trop de lumière éblouit, trop de savoir égare parfois l'esprit de l'être fini!... L'idée n'est pas de nous; on la trouve dans ce livre prodigieux que Fontenelle appelait le plus beau livre sorti de la main des hommes, et qui charmait les fers d'un littérateur plus moderne, alors que l'orage révolutionnaire était dans toute sa fureur!

Pour justifier notre appréciation, il suffit de mettre sous les yeux du lecteur le passage de Coepolla, invoqué contre notre thèse, la loi qu'il cite, et deux autres passages du même auteur.

Coepolla dit au Chapitre LXXVI, n° 9 :

« ..... Si habeo palatium juxtà hortum tuum, » licet habeam in pariete meo versus hortum » tuum multas fenestras, et per mille annos te- » nuerim, tamen in horto tuo poteris aedifica- » re, demisso legitimo spatio, *juxtà legem fina-* » *lem*, ff. *fin. reg.* et obscurare lumina mea in » toto, vel in parte; » et il cite la loi — Quæ lu- minum, — ff. *De servit. præd. urb.*, dont nous nous sommes prévalu nous-même, et qui con- tient, dans son paragraphe premier, à peu près les mêmes mots qui se trouvent dans la loi 1re au Code *De servit. et aquà*, laquelle porte qu'il faut respecter la forme et l'état de l'édifice voi-

sin. — Ulp., *lib.* 1, *De offic. Consul.* — « Qui
» luminibus officere aliudve quid facere contrà
» commodum eorum vellet, sciat formam ac
» staturam antiquorum ædificiorum se custodire
» debere. »

'' Sous ce premier rapport, cela n'a pas besoin
d'autre démonstration, la leçon de Coepolla man-
que absolument de base. En effet, la loi qu'il cite,
dit absolument le contraire de ce qu'il enseigne.

Mais poursuivons nos citations :

« Item constituitur servitus per consuetudi-
» nem.... Circà quod, primo est sciendum, quod
» servitutes quædam dicuntur habere causam
» perpetuam, seu continuam; quædam quasi per-
» petuam, seu quasi continuam; quædam dis-
» continuam. Et dic, quod illa servitus dicitur
» habere causam continuam et perpetuam, quæ
» semper est in usu actualiter et potentialiter,
» ut est servitus aquæductus, et servitus altius
» non tollendi, et similes..... » Suit l'explication
des servitudes quasi-continues et discontinues;
puis l'auteur ajoute :

« His itaque præmissis dicas, si est servitus,
» quæ habet perpetuam causam seu continuam;
» vel quasi-perpetuam, seu quasi-continuam, ex
» his duobus casibus regulariter præscribitur
» longo tempore, videlicet decem annos inter
» præsentes et viginti inter absentes, exemplo
» rerum immobilium.... Sed si est servitus ha-
» bens causam discontinuam tunc regulariter
» non præscribitur.... » (Chapitre XIX, 2, 4).

Ainsi, d'après COEPOLLA, la servitude *altius
non tollendi*, qui consiste *in non faciendo*, serait une servitude continue et prescriptible; et
il est dans le vrai, car toutes les servitudes continues sont prescriptibles. Et pourtant il enseigne
que le moyen de la prescription serait impuissant
pour faire acquérir le complément indispensable,
substantiel d'une servitude, le *Jus ne luminibus
officiatur*, le droit de repousser toute innovation
qui porterait atteinte à l'exercice de cette servitude !

Une pareille doctrine ne nous paraît pas des-
tinée à un grand succès.

II.

Arrivons au Code Napoléon.

Quatre articles se présentent tout d'abord; ce sont les articles 676, 677, 678 et 679, qui distinguent et définissent les JOURS, qu'on appelait autrefois *Jours de coutume*, *Jours de souffrance*, et les véritables VUES; de manière qu'il ne saurait plus y avoir la moindre incertitude à cet égard.

Viennent ensuite les articles 688, 689 et 690, lesquels portent que les VUES forment une servitude continue et apparente, et que toute servitude continue et apparente s'acquiert par la prescription de trente ans, aussi bien que par une convention écrite. Ces dernières dispositions ne sauraient être, non plus, ni plus claires ni plus précises. Pour en mieux encore saisir l'esprit, pour en bien apprécier toute la portée, remontons à l'état de la jurisprudence au moment où l'on s'est occupé de cette partie de notre législation.

La France, on le sait, était alors divisée en

deux grands pays : *Pays de droit écrit* et *Pays
coutumier*. Dans les provinces soumises au droit
écrit, toute servitude de VUE se prescrivait par
une possession trentenaire : dans les autres,
c'était un autre principe qui avait prévalu : VUE
ET ÉGOUT N'EMPORTENT SAISINE. La différence pro-
venait de ce que dans ces matières les idées ne
s'étaient point encore bien rectifiées ni fixées :
on n'était pas d'accord sur la grande distinction
à faire entre des *Services* d'une nature différente.
Les uns ne l'admettaient pas : prenant le droit
isolément, abstractivement, ne faisant aucun cas
des signes extérieurs par lesquels il se révélait,
ils ne le considéraient que comme un être purement idéal, incorporel, non susceptible d'une
possession matérielle. Sous ce point de vue toutes les servitudes se confondaient. — D'autres
étaient tombés dans un excès contraire, et avaient
jeté la confusion à force de diviser et de subdi-
viser. C'est à cet état de choses qu'est venu re-
médier la loi nouvelle.

Le rapporteur de cette loi, ALBISSON, disait au

Tribunat : « ..... Après avoir distingué les ser-
» vitudes *urbaines*.... des servitudes *rurales*....,
» le projet fait une première division, qui leur
» est commune, entre les servitudes *continues* et
» *discontinues ;* et une seconde division, qui leur
» est également commune, entre les servitudes
» *apparentes* et *non apparentes :* distinctions es-
» sentielles pour leur acquisition ou leur extinc-
» tion, rejetées sans raison par quelques juris-
» consultes, d'ailleurs justement célèbres, et qui,
» fort embrouillées jusqu'ici par des divisions et
» des subdivisions et des nuances minutieuses,
» avaient grand besoin de l'interprétation de la
» loi. »

L'orateur passe ensuite à la définition de ces
diverses servitudes, et il appelle : « *Continues,*
» celles dont l'usage est ou peut être continuel
» sans avoir besoin du fait actuel de l'homme ;
» telles que les conduites d'eau, les égouts, les
» vues et autres de cette espèce ; — *Discontinues,*
» celles qui, au contraire, ont besoin du fait ac-
» tuel de l'homme pour être exercées.... ; *Appa-*

» *rentes*, celles qui s'annoncent par un ouvrage
» extérieur; telles qu'une porte, une FENÊTRE,
» un aqueduc; — *Non apparentes*, celles qui
» n'ont pas de signes extérieurs de leur existence,
» comme la prohibition de bâtir.

» Ces notions sont également claires et exac-
» tes.... Voyons comment le projet les applique
» à l'établissement des servitudes.

» Les continues et apparentes s'acquièrent par
» titre ou par la possession de trente ans.

» Nul doute ne pouvait s'élever sur l'acquisi-
» tion par titres....

» Il n'en était pas de même de la possession.
» La jurisprudence française était divisée à cet
» égard; la plupart des coutumes et notamment
» celle de Paris, la rejetaient, fût-elle de cent
» ans. Les pays régis par le droit écrit l'admet-
» taient, pourvu qu'elle eût trente ans, sur le
» fondement de *plusieurs textes du Droit ro-*
» *main*.

» On a pensé qu'une possession de trente ans
» étant suffisante pour acquérir une maison ou

» un fonds de terre, il n'y a pas de raison de la
» regarder comme insuffisante pour acquérir sur
» cette maison ou sur ce fonds de terre un *droit*
» *de servitude, dont l'exercice et le signe exté-*
» *rieur de cet exercice auraient duré pendant*
» *trente ans, au vu et su du propriétaire, sans*
» *contradiction de sa part;* et le droit romain a
» prévalu. »

Nous ne croyons pas qu'il soit possible de pré-
senter un commentaire plus lumineux de l'article
690, que cette explication qu'en a donnée un
des auteurs lui-même de cet article. Or, nous le
demandons, comment ne pas reconnaître dans
ce DROIT DE VUE, qui aurait été exercé pendant
trente ans, non pas au moyen d'une ouverture
furtivement pratiquée, timide; mais au moyen
d'une fenêtre ouverte sous les yeux mêmes du
voisin et sans la moindre opposition ou réclama-
tion de sa part, tous les caractères de ce droit
de servitude dont le législateur a dit : « *que*
« *l'exercice et le signe extérieur de cet exercice*
» auraient duré pendant trente ans, au vu et su

» du propriétaire, sans contradiction de sa part? »
Y a-t-il un fait plus continu, plus apparent que
celui qu'une fenêtre révèle? Mais si cela est, que
devient donc la distinction qu'on voudrait établir
entre le cas où une servitude aurait été acquise
par un titre formel, et celui où elle l'aurait été
par la prescription? Cette distinction est repous-
sée, d'ailleurs, par l'article 690 qui place les
deux modes d'acquisition sur la même ligne.

Le législateur ne pouvait ne pas leur donner une assimilation complète; car de quoi s'a-
git-il? Encore une fois, d'une seule et même
servitude. Dans l'un comme dans l'autre cas, la
servitude existe *jure servitutis*, à titre de servitude, ainsi que nous le démontrerons bientôt,
et comme M. VIGER, rapporteur à la Cour de
Cassation, dans l'affaire Thomas C. Roustan, l'a
si bien fait remarquer. Or, si dans les deux cas,
la servitude existe de la même manière et au
même titre, — *jure servitutis*, — par le consen-
tement des deux parties elles-mêmes; — car, ne
le perdons pas de vue, la prescription n'est autre

chose qu'une adhésion présumée, — on ne conçoit pas qu'une seule et même chose doive pro-
duire des effets différents. Prétendre que, dans
le cas de la prescription, je n'ai pu acquérir que
la simple faculté d'ouvrir matériellement une fenêtre, sans gêner en rien le prétendu droit naturel qu'aurait mon voisin de bâtir sur son terrain, et que celui-ci pourra boucher ma fenêtre
quand il le voudra, c'est non-seulement, comme
M. VIGER l'a dit, méconnaître les principes les
plus élémentaires des servitudes, et ne faire
aucun cas de l'article 701 du Code Napoléon,
qui défend au propriétaire débiteur de la servitude de rien entreprendre de nature à diminuer
l'usage de cette servitude, ou à la rendre plus
incommode; c'est quelque chose de plus encore;
c'est émettre une proposition monstrueuse. On
ne comprend pas, en effet, une prescription
précaire. Prescription et précarité sont, en jurisprudence, comme en bonne logique, deux
antipodes. Tel est cependant le résultat auquel
conduit l'opinion que nous combattons, puis-

qu'elle fait dépendre l'existence de la fenêtre du bon plaisir du voisin.

Mais, nous demande-t-on, que faites-vous de l'article 661? Aux termes de cet article, tout propriétaire joignant un mur a la faculté de le rendre mitoyen, en remboursant au maître du mur la moitié de sa valeur.... Contre l'exercice d'une faculté aucune prescription n'est possible.... Si je n'ai pas usé de mon droit, vous ne pouvez pas, par cela seul, avoir prescrit contre moi ?

Les principes que nous allons rappeler, en même temps que nous citerons quelques autres textes du Code Napoléon, seront notre réponse.

Le droit de rendre mitoyen le mur de ma maison qu'est-ce? C'est une servitude dont la loi a voulu grever ma propriété en faveur de celle de mon voisin. Or les servitudes introduites par l'homme, — car, en définitive, et fiction à part, c'est l'homme qui en jouit, c'est l'homme qui les exerce, — peuvent être modifiées par le fait de l'homme. Les servitudes légales, par cela même qu'elles répètent leur origine de la loi directement et non de la volonté de l'homme, ne forment point une famille à part; elles ne sont point invulnérables, à l'abri de la liberté qu'a tout propriétaire, d'après l'article 686 du Code Napoléon, d'établir sur sa propriété, ou en faveur de sa propriété, telles servitudes que bon lui semble : on ne le prétend pas, nous le croyons du moins, parce que ce serait établir, au profit de cette catégorie de servitudes, un privilége exorbitant, absurde, impossible.

L'homme domine tout; sa liberté ne connait d'autres limites que celles que lui a imposées l'article 1133 du Code Napoléon : elle ne saurait en avoir d'autres. Il peut renoncer à ses propres avantages et en consentir d'autres au profit d'autrui. Mais la volonté peut se révéler de deux manières : par la parole et par les faits. La volonté est expresse ou tacite. — Les servitudes légales sont donc soumises, en cette partie, à la même loi que les autres. Elles ne diffèrent des autres que par leur origine. Comme celles-ci elles peuvent tomber sous le coup de la prescription ; ou, comme celles-ci, elles peuvent être modifiées ou remplacées par une autre servitude. Ce sont, en un mot, des servitudes, c'est-à-dire, des avantages accordés à l'un sur l'autre. Dans toute servitude il y a un propriétaire dominant et un propriétaire servant. Le propriétaire dominant peut abdiquer ; le propriétaire servant peut tâcher de se soustraire à la domination qui le gêne. Disons donc que, légales ou établies par le fait de l'homme, les servitudes ne sont que d'un intérêt privé ; des servitudes et rien que des servitudes ; des parcelles de propriété soumises nécessairement aux mêmes lois que la propriété elle-même. Seulement, quant à la prescription, s'agissant, dans le cas de l'article 661, d'une servitude qui consiste dans l'exercice d'une pure faculté, le simple *non usage*, dont parle l'article 706, ne suffira pas pour l'établir ; il faudra aussi, comme il est dit dans la loi VIe au Digeste, tit. *De servit. præd. urb.*, un fait émanant de celui qui voudra se libérer, et que ce fait soit en op-

position directe avec la servitude même dont il
s'agira de s'affranchir ; en d'autres termes, une
possession contraire à cette servitude ; car sans
la possession on ne peut jamais prescrire, — la
possession est l'élément substantiel de la prescription.

Eh bien, l'ouverture d'une fenêtre n'est-elle
pas un fait bien explicite, qui révèle l'intention
de soustraire cette partie au moins du mur à la
servitude de mitoyenneté dont la loi l'a grevé ;
et la possession de cette fenêtre n'est-elle pas une
possession contraire à cette même servitude ? La
fenêtre n'exclut-elle pas la mitoyenneté ? Fenêtre
et mitoyenneté peuvent-elles exister ensemble ?
L'article 675 du Code Napoléon dit d'une manière expresse que cela n'est pas possible : la
raison le disait avant cet article.

En ouvrant donc cette fenêtre dans le mur
joignant la propriété de mon voisin, j'ai fait un
acte bien patent et bien significatif, j'ai fait tout
ce qu'il était en mon pouvoir de faire pour ma-
nifester sans équivoque ma volonté d'affranchir

cette partie de ma propriété de la gêne, de la servitude que la loi faisait peser sur elle en faveur de la propriété de mon voisin ; et si mon voisin a laissé subsister ce fait, alors surtout qu'il se passait sous ses yeux, et qu'il a dû à tout moment frapper ses regards ; si pendant trente ans il n'a jamais élevé la voix, il a fait autre chose que non user de son droit; il y a, ou il est censé y avoir tacitement renoncé.

Remarquons-le, la loi défend expressément au propriétaire du mur limitrophe d'avoir des fenêtres, à moins que ce ne soit à fer maillé et verre dormant, c'est-à-dire d'une manière provisoire, qui ne puisse établir aucun titre en faveur de celui qui ouvrirait de pareils jours, ni préjudicier aux droits du voisin. Et cette prohibition est elle-même une servitude dont la loi a voulu grever mon propre mur (Cod. Nap. art. 676).

Mais on objecte : Dans leur origine toutes les propriétés sont libres. Soit : Alors donc toute modification de cette liberté est une servitude.

Mais tout a une cause : toute servitude établie

par la loi ou par le fait de l'homme, de même
que toute institution, toute convention, tout
acte, tout ce qui se fait et s'établit a un objet
déterminé. Rien n'a lieu sans but. Le mot fa-
meux et athée, — le hasard, — sorti d'une
bouche mourante et qui a eu tant de retentis-
sement, serait encore plus une hérésie en jurisprudence.

Or donc, pourquoi la loi m'a-t-elle privé du
droit de pratiquer dans mon propre mur la fenêtre dont il s'agit? pourquoi m'a-t-elle imposé
cette servitude ? Évidemment pour se mettre
d'accord avec l'article 661, au moyen duquel elle
m'a grevé d'une servitude de mitoyenneté, et
pour m'empêcher d'exercer moi-même une servitude sur la propriété de mon voisin ; servitude
bien autrement lourde et bien autrement gê-
nante. « Il ne faut pas, disait M. BERLIER, dans
» l'exposé des motifs de la loi des servitudes,
» qu'en usant de sa propriété on puisse alarmer
» les autres sur la leur. » En ouvrant cette fenêtre donc, j'ai fait un acte tout opposé à la ser-

vitude de mitoyenneté établie par l'article 661,
et j'ai violé la défense de l'article 670 d'ouvrir
des fenêtres dans le mur limitrophe, à moins
que ce ne fût à fer maillé et verre dormant; et
ainsi je me suis soustrait à l'empire de cette dou-
ble servitude. Mais j'ai fait plus : j'ai exercé moi-
même une servitude sur le terrain de mon voisin; j'ai agi à la fois *animo libertatis vindicandæ
et acquirendæ servitutis*. Et si pendant trente
ans, mon voisin n'a mis aucun obstacle à ma
jouissance, j'ai possédé, j'ai prescrit et il m'a
laissé prescrire trois choses : mon affranchissement d'abord du droit qui lui était accordé de
rendre mitoyen mon propre mur, du moins la
partie où se trouve la fenêtre; mon affranchissement encore de l'incapacité légale d'ouvrir
cette fenêtre; et enfin j'ai acquis sur son propre
terrain une servitude de vue, bien et dûment
caractérisée.

Dès lors, que devient cet argument tiré de la
fameuse maxime : *Tantum præscriptum quantum
possessum*, qui paraît avoir tant séduit Merlin,

4

Toullier et Pardessus? Loin de contester la règle, j'ai dit, je dis encore, que la prescription est fille de la possession; qu'on ne peut prescrire que ce qu'on a possédé. Toute la question se réduit à savoir ce que j'ai possédé au moyen de la fenêtre ouverte sur la propriété de mon voisin. Je prétends avoir exercé, au moyen de cette fenêtre, trois possessions liées, trois possessions en une seule : — 1° J'ai possédé contre le droit de mitoyenneté de mon voisin; une fenêtre est un acte de propriété essentiellement exclusif; — 2° J'ai possédé contre la servitude dont j'étais grevé de ne pouvoir ouvrir dans mon propre mur que des jours à fer maillé et verre dormant; — 3° Et, partant, j'ai possédé la servitude de vue sur le fonds de mon voisin. Maintenant, que l'on scinde ces trois possessions, si on le peut; pour moi cette entreprise est au-dessus de mon intelligence.

Voudrait-on que je n'aie prescrit que l'affranchissement des distances voulues par les articles 678 et 679 du Code Napoléon? Mais cet affran-

chissement lui-même, que l'on me concède
d'avoir prescrit, à quoi me servirait-il, si mon
voisin n'en conserve pas moins le droit de boucher mes VUES? Et qu'on ne dise pas que n'ayant
possédé cet affranchissement que lorsque mon
voisin n'avait pas encore bâti, je ne puis l'avoir
prescrit que dans cette condition, c'est-à-dire
pendant tout le temps que mon voisin n'a pas
usé du droit de bâtir ; car, c'est dire là une chose
qu'on a de la peine à comprendre, et qui con-
vertirait toutes les servitudes en un véritable jeu
de mots. C'est à peu près dire qu'ayant établi un
acqueduc sur le terrain de mon voisin et l'ayant
possédé pendant trente ans, je ne puis avoir
prescrit cet acqueduc que pour le temps que
mon voisin ne bâtirait pas, et qu'il pourra le
faire disparaître pour y substituer les fondements
d'une maison!... Mais si mon voisin avait bâti
avant que j'eusse ouvert la fenêtre, comment
aurais-je pu ouvrir cette fenêtre?... La prescription de VUE ne serait donc jamais possible? Le
cas de cette prescription ne se réaliserait donc

jamais?... Il faudrait rayer l'article 690!... Et
voilà où l'on arrive, en voulant trop subtiliser ;
au néant, à l'absurde !...

Que si on oppose à nouveau que le droit de
bâtir est une chose purement facultative pour le
propriétaire du terrain ; que, de ce qu'il n'a pas
encore usé d'une faculté, on n'en saurait induire
qu'il y a complètement renoncé ; qu'une faculté
n'est pas une chose matérielle, apparente, sensible, qui puisse tomber sous la main d'autrui,
et que, par suite, la prescription ne peut ni
l'atteindre ni l'enchaîner, je répondrai que cet
éternel argument, que je crois d'ailleurs avoir
déjà réfuté, reproduit dans ces termes, est un
véritable sophisme. L'exercice d'un droit n'est
pas purement facultatif. Et serait-il un droit, s'il
n'était pas tel? Droit et liberté ne vont-il pas
ensemble? Qu'on fasse donc disparaître du Code
Napoléon le titre des prescriptions.

On ne peut pas prétendre isoler la faculté de
bâtir. Et qu'on ne s'y trompe pas ; ce n'est pas
une servitude *altius non tollendi*, pure et simple,

que je prétends exercer contre mon voisin, c'est, encore une fois, une servitude de VUE, un droit de VUE que j'entends avoir acquis; c'est une fenêtre que je veux conserver et par elle maintenir mon droit de prendre VUE, de regarder sur le fonds de mon voisin. L'ouverture et l'existence d'une fenêtre ne peuvent avoir d'autre signification, on ne peut se méprendre sur leur objet : une fenêtre n'est établie, elle n'existe que pour voir. Mon voisin a accepté ce fait, tacitement si l'on veut, — je pourrai même dire d'une manière expresse, ce fait s'étant accompli sous ses propres yeux, ce qui, d'après VINNIUS, équivaut à une véritable tradition : « *Domino prœdii ser-* » *vientis sciente ac patiente, quod hic pro tradi-* » *tione et vice boni initii est* » (Select. Jur. quæst. lib. 1, Cap. 1) —; mais, enfin, soit; il a accepté ce fait tacitement; mais il ne l'a pas moins accepté, ou il n'est pas moins censé l'avoir accepté. Eh bien, le fait est consommé, le droit est acquis, l'obligation de sa part est établie.

L'obligation de mon voisin ne serait-elle que conditionnelle, *ad tempus*, pour le temps seulement qu'il n'élèverait pas de constructions sur son terrain? Je réponds à cette objection que les conditions ne se présument pas, qu'elles ne peuvent pas se présumer; elles doivent être stipulées en termes exprès; la raison elle-même le dit. — Mais qu'est-il besoin, en vérité, de se livrer à des argumentations pour démontrer qu'en prescrivant la vue, la fenêtre ouvrante et d'aspect, ouverte sur le terrain de son voisin, on s'est affranchi de deux servitudes légales dont on était grevé en faveur de ce même terrain : la mitoyenneté et les distances! Le législateur ne l'a-t-il pas dit? Écoutons M. Albisson :

« Mais cette liberté (la liberté d'établir sur sa
» propriété ou en faveur de sa propriété telle
» servitude que bon lui semble, accordée à tout
» propriétaire par l'article 686 du Code Napo-
» léon) peut-elle s'étendre jusqu'à la faculté de
» modifier les servitudes légales ou établies par
» la loi? »

L'orateur du gouvernement a répondu à cette question dans l'exposé des motifs du projet. — « *Il ne faut pas conclure*, a-t-il dit, *de cette* » *dénomination de* SERVITUDES LÉGALES OU ÉTABLIES » PAR LA LOI, *qu'il ne puisse y être apporté des* » *dérogations ou modifications par la volonté de* » *l'homme, mais seulement qu'elles agissent, en* » *l'absence de toutes conventions, par la nature* » *des choses et l'autorité de la loi.*

» Une conséquence naturelle de cette liberté » des conventions est que l'usage et l'étendue » des servitudes se règlent par le titre qui les » constitue.

» Mais s'il n'y a pas de titre? Le projet y pour- » voit par les dispositions ultérieures qui me » restent à parcourir. »

Et l'orateur passe aussitôt en revue les articles 687, 688, 689, 690, d'après lesquels une VUE peut se prescrire par le laps de trente ans.

Est-ce clair?

Enfin, et pour tout épuiser, on objecte qu'on n'a fait que tolérer en bon voisin. A part même l'incongruité, l'extravagance d'un pareil système ou d'un pareil moyen, une simple remarque en droit suffirait pour en faire justice.

Pour couper court à toutes les discussions auxquelles donnait lieu l'ancien état de la législation, la loi nouvelle a tâché, autant que possible, de tout préciser. Les VUES de simple tolérance ont maintenant leurs signes caractéristiques et certains; ce sont les JOURS à fer maillé et verre dormant, dont parle l'article 676. Voilà la possession provisoire; voilà les signes. Hors de là il faut prouver la précarité. La présomption est toujours pour la possession. En disant qu'on est toujours présumé posséder à titre de propriétaire, l'article 2230 du Code Napoléon n'a fait que proclamer un principe de tous les temps.

Encore un mot sur l'article 661.

Un des principes les plus élémentaires en jurisprudence, c'est que les servitudes ne sont dues que dans les termes précis dans lesquelles elles ont été établies. Que ces termes soient

écrits dans un article de loi, qu'ils le soient dans
un contrat, peu importe. Toujours est-il que là
où la lettre s'arrête, là doivent s'arrêter également
ment et le droit du propriétaire dominant et
l'obligation du propriétaire débiteur de la servitude. C'est, en d'autres termes, que les servitudes étant modificatives de cette liberté qui
est la base du droit de propriété, doivent être
interprétées dans le sens le plus étroit, en
s'attachant scrupuleusement à la lettre et en
évitant avec soin tout ce qu'elle ne dit pas.

Appliquons ces principes à l'article 661.

On voudrait donner à la servitude dont parle
cet article une extension illimitée, jusqu'à ne
point reculer devant un effet rétroactif, puis-
qu'en effet on dit avoir le droit de rendre mitoyen un mur au détriment des vues qu'on
pourrait y avoir prescrites, aux termes de l'article 690. Mais cette faculté, ce droit, l'article
661 le confère-t-il? Nous sommes bien ici en
matière de servitudes. L'article 661, c'est le titre
qu'on invoque; on ne doit donc pas le dépasser.

Mais si le droit accordé par cet article, n'em-
porte pas celui de boucher toute fenêtre qui se
trouve dans le mur du voisin, la disposition en
serait donc illusoire? — On pourrait tout d'abord
rétorquer l'argument et répondre que le droit de
prescrire une servitude de vue, proclamé par
l'article 790, serait également illusoire, si cette
vue pouvait être bouchée par le voisin à son
gré. Non; ces deux articles ne se heurtent pas,
et le législateur n'est certainement pas tombé
dans une pareille contradiction. L'article 690
révèle la véritable signification de l'article 661.
Vous aurez le droit d'acquérir la mitoyenneté du
mur joignant votre héritage, lorsque votre voisin n'aura pas acquis le droit d'avoir vue sur ce
même héritage. Mais lorsqu'il aura acquis ce
droit, lorsqu'il l'aura prescrit, vous ne pourrez
nullement vous prévaloir à son préjudice de l'article 661; vous n'aurez plus alors qu'à vous re-
procher à vous-même de lui avoir permis de le
prescrire.

L'article 661 ne peut évidemment recevoir

d'autre interprétation. Lui donner, avec Merlin,
Toullier et Pardessus, une signification différente, c'est ajouter à la disposition et mutiler
l'article 690, de manière qu'il disparait complé-
tement; c'est, enfin, détruire toute l'économie de
la loi. On ferait, en effet, dire à l'article 661 u:
« Tout propriétaire joignant un mur aura la fa-
» culté de le rendre mitoyen quand même;... » Et
on ferait tenir cet autre langage à l'article 690 :
« Les servitudes continues et apparentes, ou du
» moins les servitudes de vue, peuvent bien
» s'acquérir par la prescription de trente ans,
» mais seulement pour tout le temps qu'il plaira
» au propriétaire servant de ne pas les sup-
» primer. » On referait ainsi tout simplement
la loi.

Mais on recule devant une entreprise aussi
hardie. Dès lors il faut reconnaitre que les articles 687 et 688 du Code Napoléon, ayant déclaré
qu'une fenêtre est une servitude continue et apparente, et l'article 690 du même Code ayant
dit que toute servitude continue et apparente

peut s'acquérir par la prescription aussi bien que par un titre formel, et le même article plaçant ces deux modes d'acquisition sur la même ligne, il en résulte que celui qui a joui pendant trente ans d'une fenêtre ouverte dans le mur joignant l'héritage voisin, a acquis le droit d'avoir cette fenêtre, comme s'il l'avait acquis en vertu d'un titre formel, et que ce droit n'a pu être soumis à aucune limitation, et moins encore au bon plaisir du débiteur de la servitude.

A cet égard, nous ferons une dernière observation qui ramènera la question à ses termes les plus simples.

Celui qui stipule le droit d'avoir une fenêtre ouverte sur la propriété de son voisin, aura-t-il besoin de stipuler en même temps que le voisin ne pourra l'obstruer en aucun cas? Et le voisin pourra-t-il venir lui dire plus tard : « Quand je » vous ai autorisé à ouvrir cette fenêtre, je n'a- » vais pas encore bâti; cette concession, de ma » part, n'a pu engager ma liberté au point de » m'interdire de bâtir contre cette fenêtre et de

».l'obstruer ? » — Non, bien évidemment. Eh bien, la question est résolue ; car, encore une fois, la prescription supplée au titre et le fait présumer.

Nous le disions donc avec raison, au début de cet écrit : l'erreur prend sa source dans une distinction impossible. On a mal interprété la loi IVe au Digeste, *De servit. præd. urb.*, lorsqu'on a dit que, d'après cette loi, le *Jus ne luminibus officiatur* était distinct du *Jus luminum*, que c'était une servitude à part, une servitude négative ; lorsqu'on l'a confondue avec la servitude *altius non tollendi*. Cette succession d'erreurs a engagé la jurisprudence dans cette voie d'où elle tend aujourd'hui à sortir, nous sommes heureux de le constater.

Les erreurs ont, elles aussi, leur logique.

Cte COLONNA D'ISTRIA,
Conseiller à la Cour Impériale de Bastia.

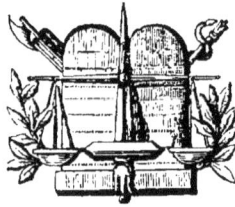

.

www.ingramcontent.com/pod-product-compliance
Lightning Source LLC
Chambersburg PA
CBHW071244200326
41521CB00009B/1614